AF494455

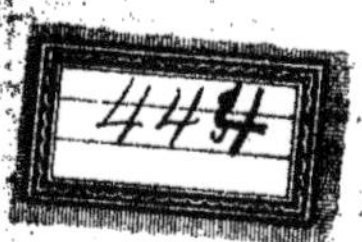

27 Juin 1910

PN

SUCCESSION

DE

Madame Pauline VIARDOT

Tableaux Anciens

ET

MODERNES

DESSINS

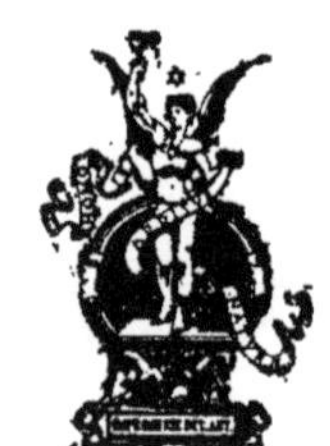

CATALOGUE

DE

Tableaux Anciens

ET

MODERNES

ŒUVRES DE :

FERDINAND BOL, DUPLESSIS, HÉBERT, ARY SCHEFFER, LE TINTORET, JEAN WEENIX, ETC.

PORTRAITS, PAR P.-P. PRUD'HON

L'Allée de Pommiers, par CHINTREUIL

DESSINS

PAR

CHINTREUIL, GOYA, PRUD'HON

DÉPENDANT

DE LA

Succession de Madame Pauline VIARDOT

Et dont la Vente, par suite de son décès

AURA LIEU, A PARIS

HOTEL DROUOT, SALLES N°s 9 & 10

LE LUNDI 27 JUIN 1910

A 3 HEURES ET DEMIE

COMMISSAIRE-PRISEUR	EXPERT
Me HENRI BAUDOIN	**M. JULES FÉRAL**
Successeur de M. Paul CHEVALLIER	7, rue Saint-Georges
10, rue Grange-Batelière	PARIS

EXPOSITIONS

PARTICULIÈRE : *Le Samedi 25 Juin 1910* . . . . } DE DEUX HEURES

PUBLIQUE : *Le Dimanche 26 Juin 1910* . . . . . . } A SIX HEURES.

Entrée par la rue Grange-Batelière

CONDITIONS DE LA VENTE

Elle sera faite au comptant.

Les adjudicataires paieront *dix pour cent* en sus des enchères.

Paris. — Imp. de l'Art, Ch. Berger, 41, rue de la Victoire

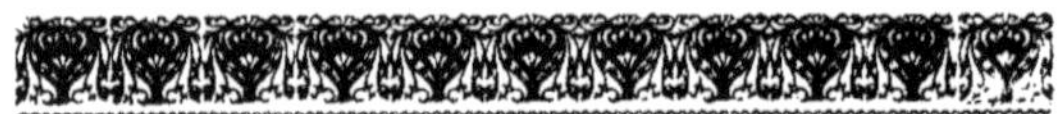

DÉSIGNATION

DESSINS

CHINTREUIL

(ANTOINE)

1 — *La Route sous la neige.*

Elle est creusée de deux sillons profonds et toute blanche de neige, tournant dans un bois dont les taillis sont couverts de givre.

Dessin au crayon noir et à la craie.

Signé à droite et daté : 70.

Haut., 31 cent.; larg., 44 cent.

GOYA Y LUCIENTÈS

(FRANCISCO)

Fuente de Todos, 1746-1828

2 — *La Mort du taureau.*

Un matador, la muleta à la main gauche, les yeux fixés entre les cornes du taureau arrêté devant lui, va lui donner le coup d'épée fatal.

Dessin au lavis de bistre.

Signé au centre.

Haut., 19 cent.; larg., 26 cent.

HÉBERT

(ERNEST)

3 — *La Vierge portant l'Enfant Jésus.*

Enluminure.

Signée, datée *1885*, et dédiée à ***Madame Viardot***, par une inscription sur la monture.

Haut., 12 cent.; larg., 7 cent.

PRUD'HON

(PIERRE-PAUL)

Cluny, 1758-1823

4 — *Thémis.*

Étude pour l'admirable composition qui est parmi les dessins du Louvre.

Dessin au crayon noir sur papier bleu.

Haut., 36 cent.; larg., 46 cent.

5

TABLEAUX

ANCIENS ET MODERNES

BOL

(FERDINAND)

Dordrecht, 1616-1680

5 - *Portrait d'une Dame hollandaise.*

Vue à mi-corps, assise, tournée de trois quarts vers la gauche, les yeux fixés sur le spectateur, les mains croisées à la hauteur de la ceinture, elle est coiffée d'un bonnet blanc couvrant ses cheveux châtains, bouclés sur les oreilles, et porte sur les épaules un grand col de lingerie bordé de dentelle. Des manchettes ornent les manches bouffantes de sa robe noire.

Superbe peinture d'une rare puissance d'expression.

Toile. Haut., 76 cent.; larg., 64 cent.

CHINTREUIL

(ANTOINE)

6 — *L'Allée de Pommiers.*

D 10 000 / 10 000 Defemille

Elle s'ouvre toute droite dans une plaine, bordée de tertres de gazon où fleurissent des genêts.

Les pommiers en fleurs se succèdent, mêlant leurs bouquets blancs et roses. Des paysannes et un jeune garçon sont arrêtés au centre du chemin. Vers la droite, un laboureur est courbé sur sa charrue attelée de deux chevaux.

Le soleil perce les nuages dans la brume du matin.

Signé à gauche.

Œuvre capitale de l'artiste.

Toile. Haut., 1 mètre ; larg., 2 m. 23 cent.

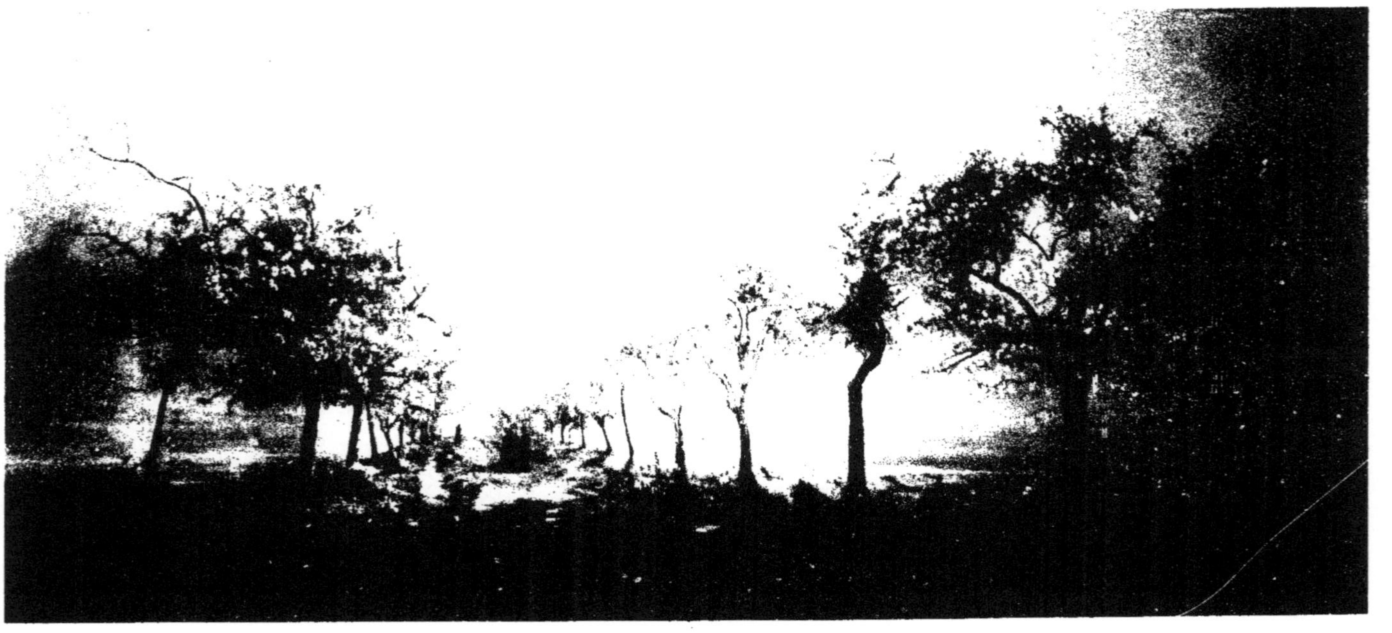

6

CHINTREUIL

(ANTOINE)

7 — *Le Buisson.*

Au bord d'un chemin, des genêts en fleurs entourent un taillis. Le sol se relève vers la gauche, où s'étend une prairie sous un ciel d'orage.

Signé à droite.

Toile. Haut., 42 cent.; larg., 65 cent.

CHINTREUIL

(ANTOINE)

8 — *La Prairie de Commonvilliers, par un temps de pluie.*

Une plaine est coupée au centre par des bouquets d'arbres; des meules de blé se détachent au second plan, devant un coteau boisé qui ferme l'horizon.

Signé à gauche.

Toile. Haut., 15 cent.; larg., 27 cent.

CUYP

(Attribué à ALBERT)

9 — *Un Bélier et une Brebis.*

L'un debout, l'autre couchée, tournés de droite à gauche.

Intéressante étude.

Bois. Haut., 37 cent.; larg., 45 cent.

DUPLESSIS

(JOSEPH-SILFRÈDE)

Carpentras, 1725-1802

10 — *Portrait de Glück.*

Vu à mi-corps de trois quarts à gauche, assis dans un fauteuil, en robe de chambre de soie verdâtre ouverte sur un jabot de lingerie, les manches retroussées sur les manchettes, coiffé de la perruque poudrée, il joue du clavecin, les yeux levés au ciel, dans une attitude d'inspiration.

Toile. Haut., 29 cent.; larg., 24 cent.

LARGILLIERRE

(D'après NICOLAS de)

11 — *Portrait de Voltaire.*

A mi-corps, habit vert, gilet broché sur fond rouge, longue perruque poudrée, le tricorne sous le bras.

Toile. Haut., 82 cent.; larg., 65 cent.

PRUD'HON

(PIERRE-PAUL)

Cluny, 1758-1823

(PENDANT DU SUIVANT)

12 — *Portrait de L.-C. Viardot.*

Il est assis sur une chaise de paille, tourné de droite à gauche, accoudé sur le dossier de son siège, les jambes croisées, une main appuyée sur un genou, regardant le spectateur. Coiffé d'une perruque poudrée, bouclée sur les oreilles, il est vêtu d'une redingote marron ouverte sur un gilet de satin bleu, aux larges revers souples, d'une culotte et de bas bleus ; une cravate de mousseline blanche faisant le tour du cou est nouée sous le menton.

Ce portrait a été peint vers 1798, ainsi que le pendant, dans le petit château de Belleneuve, à quelques lieues de Dijon.

Viardot, ami de Prud'hon, l'introduisit auprès de Frochot, préfet de Paris, qui devint le protecteur du Maitre et lui commanda dans la suite, pour le Palais de Justice, le célèbre tableau de *La Justice et la Vengeance divine poursuivant le Crime.*

La tête a été gravée en ovale au pointillé.

Décrit dans le Catalogue raisonné de *l'Œuvre de Prud'hon*, par EDMOND DE GONCOURT, page 29.

Toile. Haut., 97 cent.; larg., 80 cent.

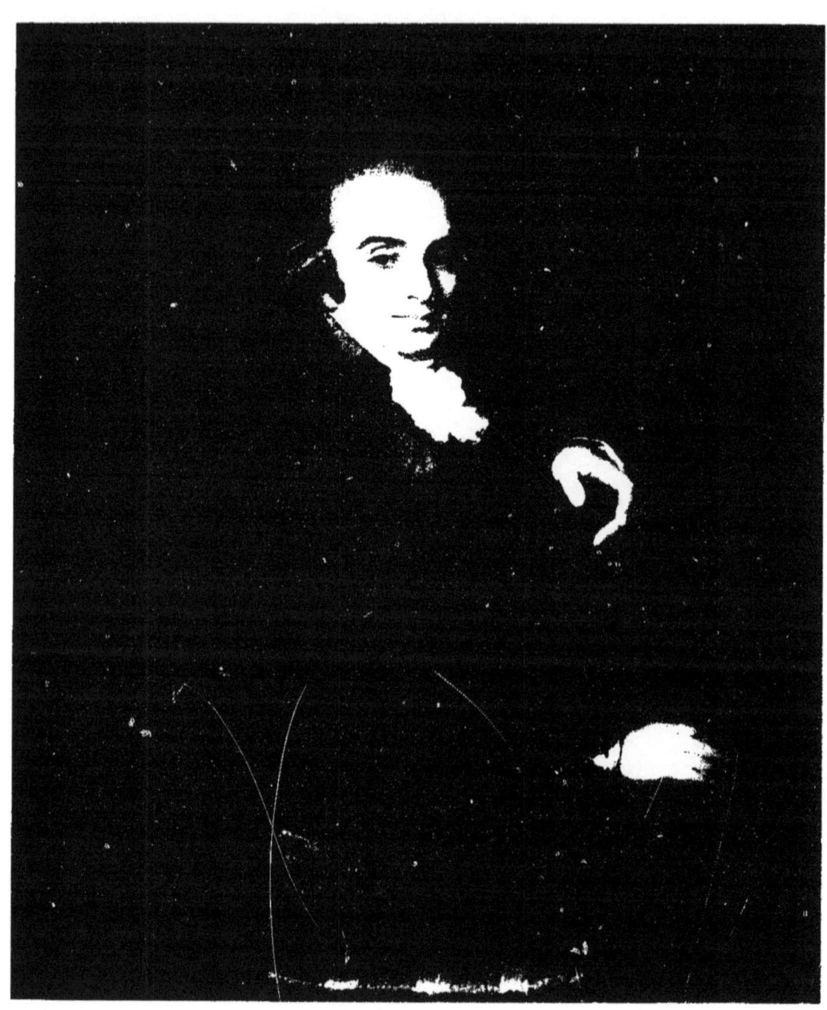

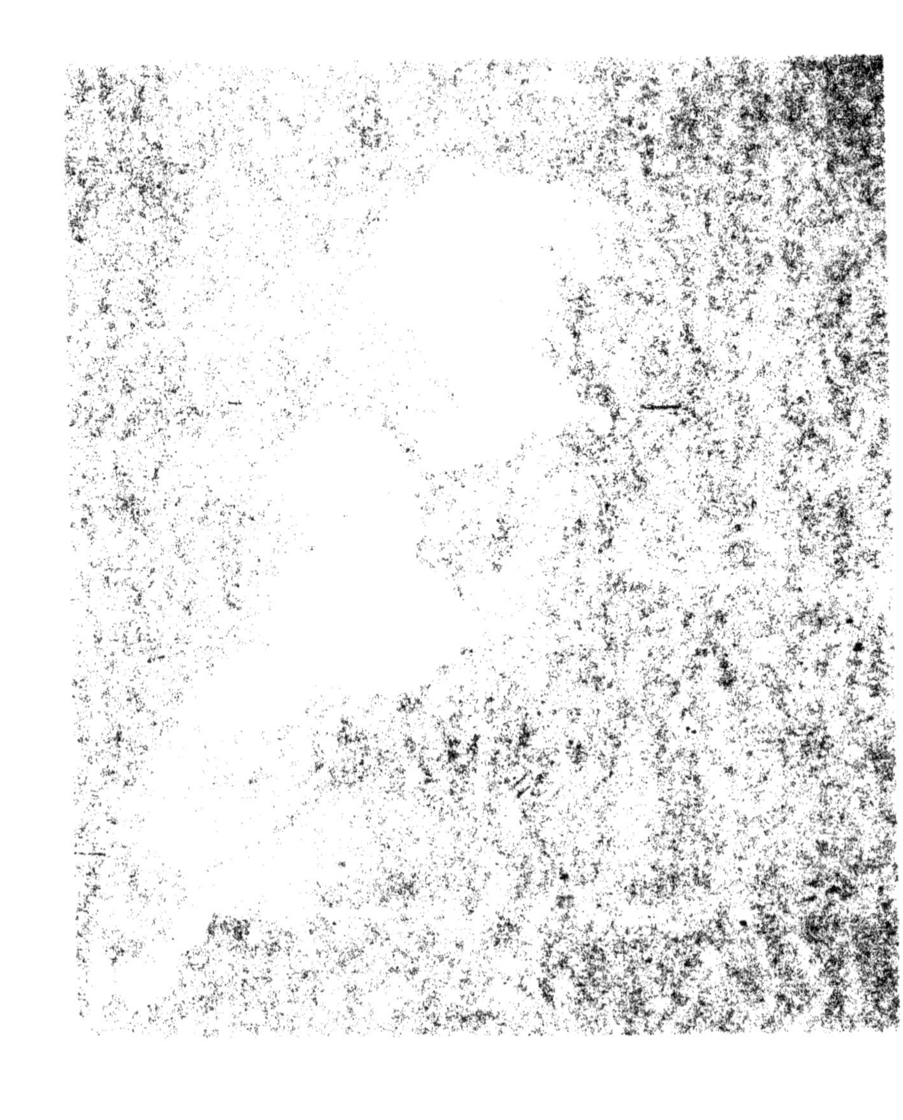

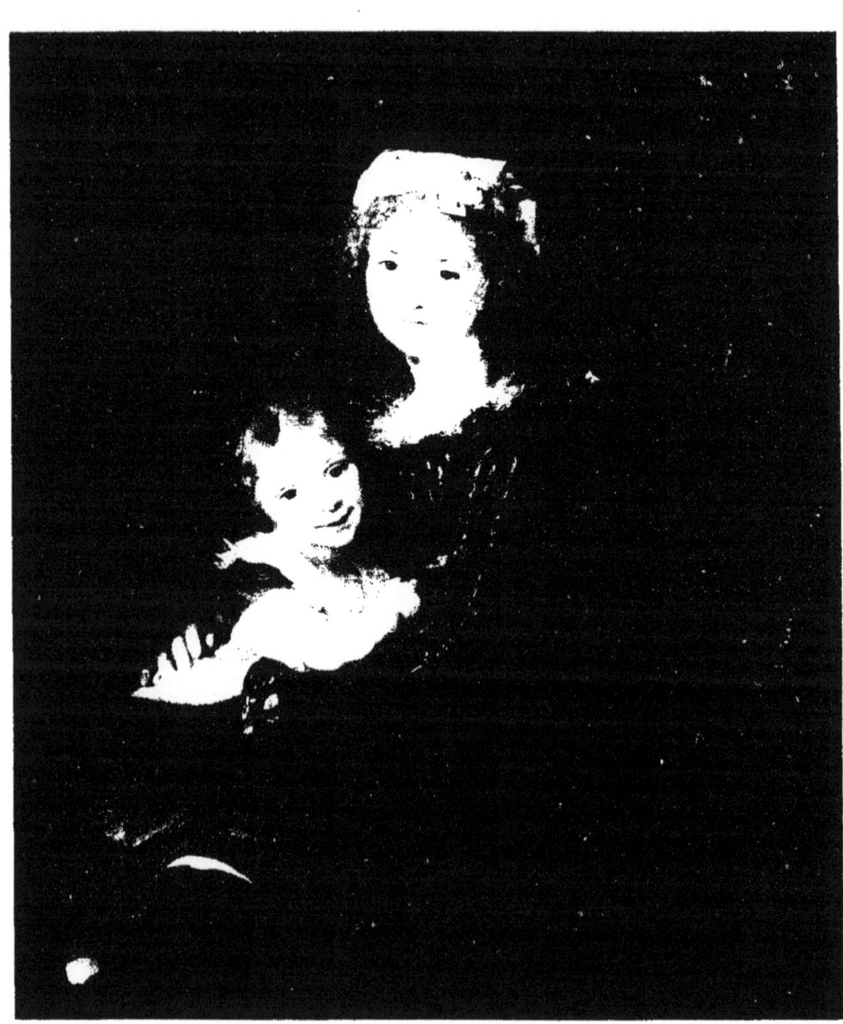

PRUD'HON

(PIERRE-PAUL)

(PENDANT DU PRÉCÉDENT)

13 — *Portraits de Madame L.-C. Viardot et de sa fille.*

Assise sur une chaise, de profil à gauche, le visage tourné vers le spectateur, elle tient sur ses genoux une petite fille, qui sourit en se pressant contre sa mère.

Les cheveux blonds cendrés, bouclés autour du visage et pendant sur le dos, elle est coiffée d'un fichu de mousseline blanche bordé d'or et noué au-dessus du front; sa robe décolletée à fond vert rayé de bleu et de jaune est serrée au-dessous de sa poitrine par une large ceinture bleue.

La fillette blonde, les cheveux séparés sur le front, porte une robe de soie bleue à manches courtes et un corsage garni d'une ruche de mousseline.

Décrit dans le Catalogue raisonné de *l'Œuvre de Prud'hon*, par Edmond de Goncourt, page 30.

Toile. Haut., 97 cent.; larg., 80 cent.

RAPHAEL

(D'après)

14 — *La Sainte Famille, dite de François Ier.*

Louis Viardot a laissé sur ce tableau une note que nous croyons devoir reproduire :

« Comme le tableau original, gloire du Musée du Louvre, fut envoyé par Raphaël à François Ier dans l'année même dont il porte la date (1518) et qu'il n'a plus quitté le *Cabinet des Rois de France*, on ne peut guère supposer que cette réduction soit l'ouvrage d'un peintre italien. Elle est plutôt d'un peintre français, mais des plus grands.

« Quelques-uns la supposent de Pierre Mignard, qui fit, en effet, une copie réduite de la *Sainte Famille* pour le graveur Edelinck ; mais elle est d'une perfection de dessin et d'une force de coloris qui surpassent le talent de Mignard.

« D'autres attribuent cette réduction à Nicolas Poussin lui-même et c'est mon sentiment. On connaît l'admiration sans bornes de Poussin pour le *divin jeune homme* ; on sait qu'il a étudié et copié la plupart de ses œuvres, et l'on retrouve dans cette copie la manière spéciale de ses tableaux de petite dimension, par exemple dans les tons bruns des manteaux, les tons verts sombre des rideaux du fond, les cheveux des enfants, etc. En tout cas, cette réduction, qui ne m'a pas coûté moins de 6.500 francs, est d'une beauté complète. C'est le tableau même de Raphaël, vu par le gros bout d'une lunette d'approche, qui en réduit les proportions, sans rien changer à l'ensemble et aux détails. »

Toile. Haut., 66 cent.; larg., 46 cent.

SCHEFFER

(ARY)

Dordrecht, 1795-1858

15 — *Francesca di Rimini.*

Réduction avec variantes du célèbre tableau qui fit partie des collections de la duchesse d'Orléans et Demidoff.

Offert par l'artiste à Mme Pauline Viardot.

Signé à gauche avec dédicace.

Toile. Haut., 24 cent.; larg., 30 cent.

TINTORET

(JACOPO ROBUSTI, DIT LE)

Venise, 1519-1594

16 — *Un Personnage vénitien.*

Agé, les cheveux gris pendant le long du visage émacié, la barbe courte, couvert d'une robe rouge aux amples manches drapées sur les bras, un petit col rabattu autour du cou, avec une agrafe ornée de pierreries, une écharpe verte sur l'épaule, tenant de la main gauche une lettre dont l'inscription est à demi-effacée, il est représenté à mi-corps légèrement tourné vers la droite.

Très beau portrait.

Toile. Haut., 81 cent.; larg., 63 cent.

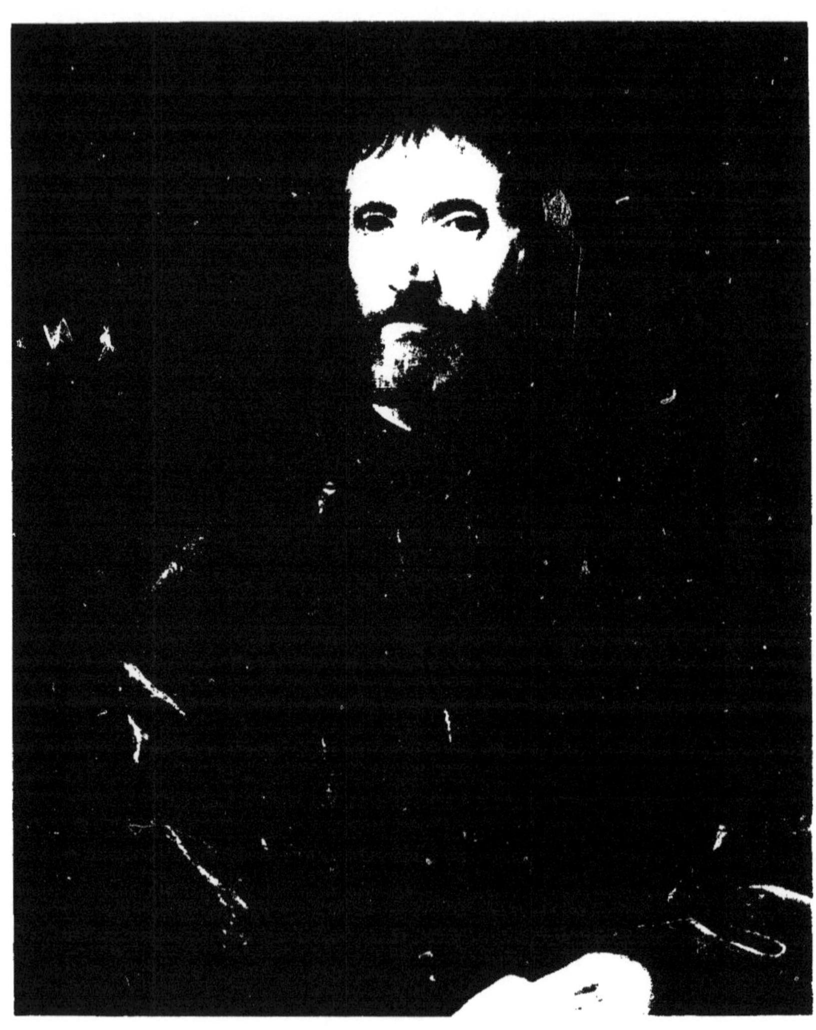

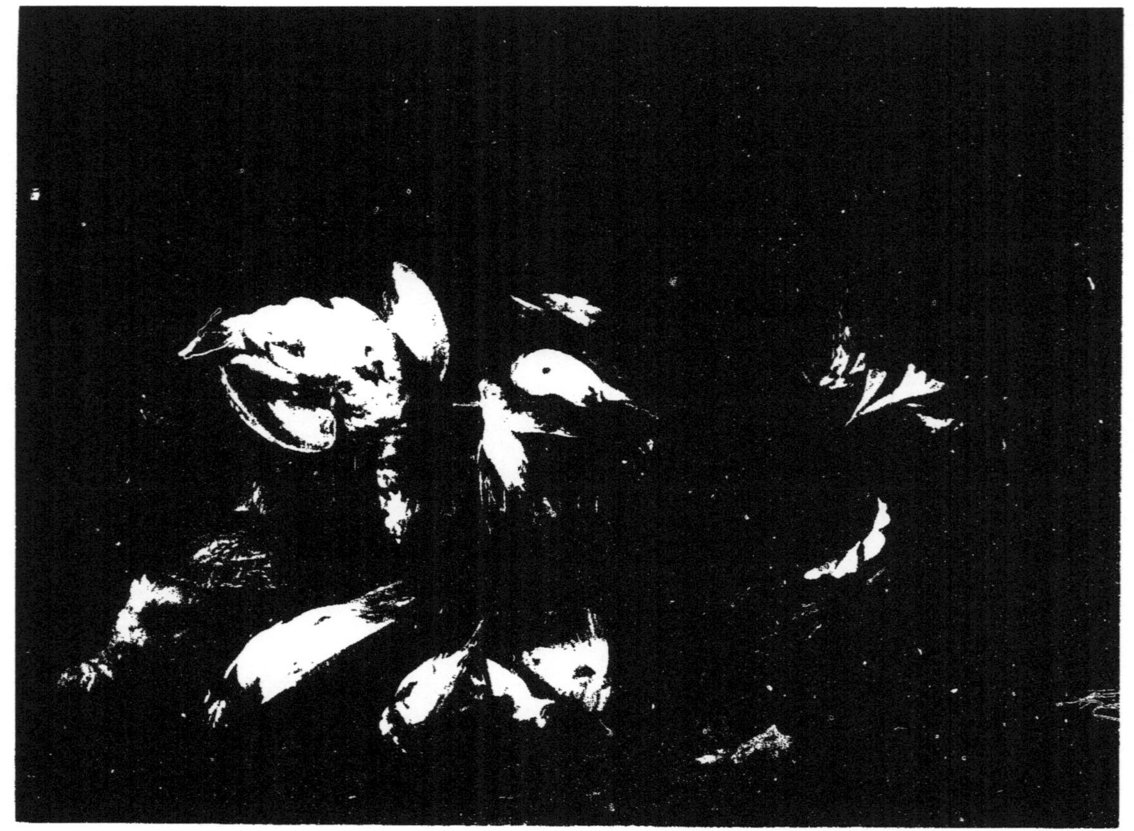

WEENIX

(JEAN)

Amsterdam, 1640-1719

17 — *Oiseaux morts.*

Des perdreaux, des geais et des petits oiseaux aux plumages variés, sont posés à terre ou sur une cage aux barreaux de bois.

Au second plan, un fusil. A droite, une plante aux larges feuilles.

Signé à droite et daté : *1669.*

Toile. Haut., 77 cent.; larg., 1 m. 02 cent.

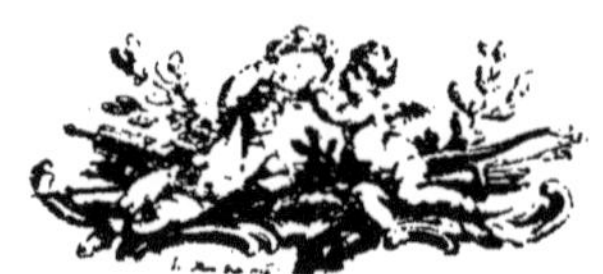

www.ingramcontent.com/pod-product-compliance
Ingram Content Group UK Ltd.
Pitfield, Milton Keynes, MK11 3LW, UK
UKHW022145170726
13837UKWH00004B/1798

9 782329 540405